AF232059

OBSÈQUES

DE

M. LE DUC DE LA ROCHEFOUCAULD

DUC DE LIANCOURT, DUC DE LA ROCHE-GUYON, DUC D'ANVILLE

PRINCE DE MARSILLAC

Ancien Aide de camp et Menin de Monsieur le Dauphin,
Membre du Conseil général de l'Oise, ancien Membre du Conseil général des Hospices
Maire de Liancourt, Chevalier de Saint-Louis, Officier de la Légion
d'honneur, etc., etc., etc.

PRÉSIDENT DE LA SOCIÉTÉ PHILANTHROPIQUE

Qui ont eu lieu à Liancourt (Oise), le Lundi 14 Décembre 1874

SUIVI DU

DISCOURS PRONONCÉ A L'ASSEMBLÉE GÉNÉRALE
DE LA SOCIÉTÉ PHILANTHROPIQUE, LE 12 MARS 1875

—====◦◦∘OO◦OO∘◦◦====—

PARIS
SOCIÉTÉ PHILANTHROPIQUE
17, RUE D'ORLÉANS-ST-HONORÉ, 17

—

1875

Le duc de La Rochefoucauld

OBSÈQUES

DE

M. LE DUC DE LA ROCHEFOUCAULD

DUC DE LIANCOURT, DUC DE LA ROCHE-GUYON, DUC D'ANVILLE

PRINCE DE MARSILLAC

Ancien Aide de camp et Menin de Monsieur le Dauphin,
Membre du Conseil général de l'Oise, ancien Membre du Conseil général des Hospices,
Maire de Liancourt, Chevalier de Saint-Louis, Officier de la Légion
d'honneur, etc., etc., etc.

PRÉSIDENT DE LA SOCIÉTÉ PHILANTHROPIQUE

Qui ont eu lieu à Liancourt (Oise), le Lundi 14 Décembre 1874

Une population extrêmement nombreuse était venue de tous les points du canton, malgré la neige et la pluie, rendre un dernier hommage reconnaissant à Celui dont le dévouement, l'affection, la charité et le patriotisme avaient rendu de si grands services, non-seulement au lieu dont il portait le nom, mais au département tout entier et particulièrement au canton même de Liancourt, qu'il représentait au Conseil général, et que sa présence, sa grande influence et son énergie avaient préservé, pendant l'occupation des armées étrangères, d'une partie des malheurs qui nous ont été si lourdement imposés.

M. le Sous-Préfet de Clermont, MM. les délégués du Conseil général et du Conseil d'arrondissement, MM. les

Maires et Conseillers municipaux du canton de Liancourt étaient venus se joindre avec le plus sincère empressement à la population.

M. le Maréchal Président de la République s'était fait représenter par M. le général Oudinot, son aide de camp.

La SOCIÉTÉ PHILANTHROPIQUE était représentée par MM. E. Cauchy, vice-président; Bercand, secrétaire; Devalois, trésorier; marquis de Bethisy, Brebion, Collinet, Guyard-Delalain, baron Nougarède de Fayet, Verzinay, Membres du Comité, et Laporte, agent général.

Le corps de M. le duc, ramené de Paris dès la veille, et exposé sous la véranda du château transformée en chapelle ardente, était porté par les différents entrepreneurs employés dans le domaine de Liancourt; un des cordons du poêle était tenu par M. le marquis de Bethisy, délégué de la Société, les autres par les représentants du Conseil général et du Conseil d'arrondissement, ainsi que par M. Gamblon, adjoint au maire de Liancourt.

Les sapeurs-pompiers, les écoles, les diverses corporations du pays avec bannières, les nombreux ouvriers de la grande industrie locale, les sociétés chorales, également précédées de leurs bannières et faisant entendre des morceaux funèbres, précédaient le cortége, puis M. le Sous-Préfet, MM. les représentants du Conseil général et du Conseil d'arrondissement, MM. les Maires en écharpe, MM. les Conseillers Municipaux, marchaient en tête d'une population émue, silencieuse et profondément recueillie, s'avançant lentement dans le long trajet qui sépare le château de l'église, en traversant la ville, dont les maisons fermées, couvertes de drapeaux noirs et toutes tendues de draperies funèbres semées de larmes, semblait couverte d'un crêpe immense, comme expression du deuil public. Et ce n'était pas sans une vive émotion qu'on remarquait, en passant sur la grande place de la ville, la statue élevée par la reconnaissance publique à l'aïeul de M. le Duc. Cette statue, témoin muet de l'hommage si mérité rendu à son petit-fils, avait été pieusement recouverte de crêpe.

L'Église de Liancourt, entièrement tendue de noir aux armes de la famille, n'a pu contenir qu'une partie minime du cortége qui est resté dehors malgré le temps, voulant assister, au moins de cœur, à l'office funèbre célébré avec la majesté et le recueillement que la religion chrétienne apporte dans ces dernières cérémonies.

L'inclémence du temps n'a pu permettre que l'inhumation ait pu se faire à l'issue de la dernière prière, et c'est dans l'Église même, au pied du catafalque, que les représentants des diverses autorités ont adressé leurs derniers adieux au grand et noble citoyen qui emporte de si sincères regrets.

Nous sommes heureux de pouvoir rapporter dans leur ordre les discours qui ont été prononcés; nous devons rappeler d'une manière toute spéciale celui de ces discours prononcé par M. Gamblon, dont l'éloquence, l'affection, l'accent ému ont gagné tout l'auditoire, qui trouvait dans ses propres sentiments l'écho de la sincérité des paroles prononcées, et mêlait ses larmes à celles de l'orateur.

DISCOURS DE M. DE MONTRÉMY

Sous-Préfet de Clermont (Oise)

MESSIEURS,

Je viens, au nom de M. le Préfet de l'Oise, payer à M. le DUC DE LA ROCHEFOUCAULD le tribut de reconnaissance et de regrets qui lui est dû, et me rendre l'interprète de la douleur publique causée par la mort de cet homme de bien, qu'on peut nommer, à juste titre, la providence du canton de Liancourt.

Ai-je besoin de faire ici l'éloge de celui dont nous pleurons aujourd'hui la perte ! Ai-je besoin de rappeler cette affabilité simple et large avec laquelle M. le Duc, s'identifiant avec les intérêts les plus humbles comme avec les plus élevés, se rendait accessible à tous et parlait à chacun le langage qu'il pouvait entendre ! l'attitude de cette foule qui se presse, triste et recueillie, autour de cette tombe où elle a voulu apporter à celui qui n'est plus un dernier témoignage de sympathie, en dit plus qu'on ne saurait l'écrire.

Sa vie entière, ses pensées, ses actions, M. le Duc vous les avait vouées ; aussi avez-vous tenu à honneur de ne pas vous montrer ingrats : vos témoignages l'ont constamment récompensé et soutenu au milieu des travaux et des luttes que lui faisait entreprendre son désir d'assurer votre bien-être.

Les habitants de Liancourt se souviendront toujours avec respect de l'administration paternelle de leur maire, et avec reconnaissance de son énergie pendant l'invasion. C'est en effet à Liancourt que M. le Duc vint se fixer. Il y vint, parce que le danger était là, et que là il pouvait, suivant sa noble devise : « *Aider tout ce qui est utile, et attacher son nom*
« *à tout ce qui est bon.* »

Dieu l'a rappelé à lui au moment où ses conseils pouvaient être le plus profitables. Que la volonté de Dieu soit faite; mais quoi qu'il advienne, le souvenir de M. le Duc de La Rochefoucauld se perpétuera parmi vous, et sa mémoire inspirera à vos assemblées ces vertus qu'il savait si bien pratiquer.

DISCOURS DE M. LEVAVASSEUR

Directeur général de l'Enregistrement et des Domaines

Vice-Président du Conseil général de l'Oise

Messieurs,

En l'absence de notre honorable président (1), empêché par le service de l'État d'assister à cette triste cérémonie, permettez-moi de vous exprimer en quelques mots, au nom du Conseil général de l'Oise, les regrets que nous inspire la perte cruelle que nous venons de faire.

M. le Duc de La Rochefoucauld, notre honorable doyen, était une de nos gloires. Représentant d'une très-illustre famille, il apportait dans ses relations avec ses collègues une modestie et une bienveillance qui lui avaient concilié les respects et les sympathies de tous. D'autres vous diront ses vertus chrétiennes, son inépuisable charité envers les pauvres; vous retraceront sa vie entièrement consacrée, comme celle de ses ancêtres, au soulagement de l'humanité. En ce qui me concerne, je dois me borner à vous rappeler avec quel soin, quelle assiduité il s'acquittait de ses devoirs de conseiller général. Fier du mandat que vous lui aviez confié, il nous donnait l'exemple du zèle le plus empressé et de l'exactitude la plus scrupuleuse dans l'accomplissement de ce mandat. C'est ainsi qu'en toutes choses il mettait en pratique ce vieil adage des grandes familles de France : *Noblesse oblige.*

(1) Mgr le duc d'Aumale.

La mort de cet homme de bien, vivement regretté par tous, laissera un vide immense dans le sein du Conseil général de l'Oise, où ses collègues conserveront précieusement le souvenir des grands exemples qu'il y a donnés.

DISCOURS DE M. BERCAND

Secrétaire de la Société Philanthropique

MESSIEURS,

Avant de nous séparer de la dépouille mortelle du grand homme de bien que nous accompagnons à sa dernière demeure, qu'il soit permis au plus humble membre de la SOCIÉTÉ PHILANTHROPIQUE de Paris d'adresser, au nom de ses collègues ici présents, quelques paroles d'adieu à son vénéré Président, qui va descendre dans la modeste sépulture désignée par lui à sa famille.

La plupart d'entre vous, Messieurs, qui avez vécu dans son intimité, connaissent sa vie publique comme celle privée, mais le nom historique de LA ROCHEFOUCAULD, que portait cependant avec tant de noblesse et tant de grandeur l'illustre défunt, n'était pas, — vous le savez, — au-dessus de l'immense charité qui était le fond de son âme et qui rehaussait encore ce grand nom. Et nous pouvons dire que le germe de la maladie qui a terminé si brusquement une vie si noblement remplie, a été contracté dans la pratique de cette vertu.

La SOCIÉTÉ PHILANTHROPIQUE, sa fille d'adoption, fortement dirigée par lui comme Président pendant vingt-cinq années, et qu'il avait servie auparavant comme vice-président, sait jusqu'où allait son dévouement et sa sollicitude pour l'adoucissement des peines des classes nécessiteuses, desquelles, — il y a un mois à peine, — il s'occupait en conseil avec son ardeur habituelle bien certainement connue des habitants de cette contrée.

Toujours d'une exactitude extrême, toujours attentif, toujours prévoyant, éclairé par l'expérience et les lumières qu'il trouvait au fond de son cœur, il indiquait les améliorations possibles avec la gravité, la brièveté et la concision qui le caractérisaient, nous donnait l'exemple de la persévérance et de la charité qu'il faut avoir dans le bien en faisant abnégation de sa personne. — « Que de sérieuses « réflexions la mort doit nous inspirer ! — nous disait-il un jour d'assemblée générale de la Société. — « Mais, » — ajoutait-il, — « si la vie est une épreuve, ayons du moins la . « consolation de reconnaître que la meilleure manière de « se dégager de ce qu'elle a de triste, d'amer, est de faire « le bien et de continuer les bonnes traditions de la Société « philanthropique » (1).

Ainsi agissait, Messieurs, le chef respecté que nous pleurons et qui laisse un si grand vide dans notre Société... Mais qu'ai-je besoin de vous rappeler ces occupations d'une vie que vous connaissez, comme si le nom illustre de La Rochefoucauld n'était pas le synonyme de tout ce qui est grand, de tout ce qui est juste, de tout ce qui est amour du prochain !

Tant de vertus, Messieurs, auront, n'en doutez pas, obtenu la récompense que l'infinie bonté de l'Auteur de toutes choses accorde à celui qui a eu la Foi, l'Espérance et la Charité, ces vertus d'essence divine qui font la force du chrétien, et qui seront, — nous l'espérons, — la consolation de la noble compagne si digne de respect, qui a partagé une vie si saintement remplie.

Et maintenant... devant ces restes inanimés et à quelques pas du sépulcre ouvert qui les attend... adieu, cher et bienaimé Président..., adieu sur cette terre..., adieu, au nom de

---

(1) Discours de M. le duc de La Rochefoucauld, *Annuaire de 1870,* page 4.

la Société philanthropique. Puisse votre esprit, parvenu aux régions sereines de l'éternité et dégagé, comme vous le disiez si bien, des — « tristesses de la vie » — être toujours présent au milieu des membres actuels comme à ceux à venir, destinés à continuer la direction de la Société et leur inspirer des résolutions de sagesse et de fermeté dont vous étiez un si admirable exemple !

DISCOURS DE M. GAMBLON

Maire-adjoint de Liancourt

MESSIEURS,

Depuis quelques jours, de sinistres pressentiments assombrissaient notre cité ; l'anxiété était dans tous les cœurs ; hélas ! nos tristes prévisions ne se sont que trop réalisées, M. le DUC DE LA ROCHEFOUCAULD n'est plus.

La consternation peinte sur tous les visages, les sanglots qui s'échappent du sein de cette nombreuse et sympathique assistance, témoignent hautement de l'étendue de la perte que nous venons de faire.

J'aurais voulu pouvoir garder le silence pour me replier tout entier sur ma douleur ; mais, honoré de la confiance, je devrais dire de l'affection, de M. le duc de La Rochefoucauld, intime confident de ses généreuses inspirations, associé par lui à l'administration de cette ville, je croirais manquer à sa mémoire et trahir vos sentiments si je ne me faisais ici l'interprète de la douleur commune. Vous tous, Messieurs, qui l'avez connu et aimé, vous comprendrez mon émotion, vous excuserez la faiblesse et la défaillance de ma voix.

M. le duc de La Rochefoucauld appartenait, par sa naissance, à l'une de ces grandes et illustres familles qui furent les plus fermes soutiens de la monarchie française et dont le nom se trouve associé aux plus glorieuses traditions de notre histoire.

Honneur, fidélité, loyauté, bienfaisance, telle est la devise de cette noble Maison, et jamais aucune tache n'a altéré la pureté de son blason.

Sous la Restauration, M. le duc de La Rochefoucauld occupa d'importantes fonctions qu'il résigna lorsque le trône qu'il servait s'écroula. Au milieu des tempêtes de la politique, il resta toujours fidèle au culte du passé et conserva une affection profonde pour cette famille royale que les douleurs de l'exil lui rendaient plus chère encore. Il eut cependant le rare mérite de savoir faire taire ses préférences personnelles pour n'écouter que l'intérêt de la France.

Noble exemple, Messieurs, que, dans ces temps d'instabilité politique, nous devrions tous imiter.

Je vous ai parlé de la haute naissance de M. le duc de La Rochefoucauld, mais la distinction de son cœur l'emportait encore sur la noblesse de son origine.

Jamais homme ne posséda à un plus haut degré la franchise, la droiture, l'amour du bien ; à ces qualités venaient se joindre une modestie et une simplicité qui lui conciliaient tous les cœurs. Lui demandait-on un service, il le rendait de si bonne grâce que le bienfaiteur semblait être l'obligé ; sa générosité, sa charité égalaient sa bonté, et, partout où il y avait de bonnes œuvres à accomplir, des larmes à sécher, son concours ne se faisait jamais attendre; c'est ainsi que nous le voyons Administrateur des hospices et Président presque perpétuel de la Société philanthropique de Paris.

Jamais cet esprit de charité ne se manifesta d'une manière plus touchante que pendant la douloureuse période de l'invasion étrangère. Le travail tari dans sa source, nos ouvriers étaient livrés aux dures étreintes de la misère. Ému d'un tel spectacle, M. le duc de La Rochefoucauld parvint, par des prodiges de dévouement, à relever les courages abattus ; il se multiplia, il pourvut à tous les besoins et devint la providence de notre cité pendant ces tristes jours.

Nos envahisseurs eux-mêmes, frappés de toute sa grandeur d'âme, s'inclinèrent avec respect devant ce vénérable vieillard, et, si cupides qu'ils étaient, n'osèrent jamais attenter à sa liberté.

Un mot, Messieurs, de la vie civile de M. le duc de La Rochefoucauld. A partir du jour où le respect de son nom et les traditions de sa famille lui firent acheter la terre de Liancourt, il s'y attacha avec toute l'ardeur qu'il apportait dans ses affections. Il n'eut plus qu'un désir, celui de la prospérité et du bien-être d'un pays auquel son nom se trouvait étroitement lié. Il accepta avec joie les fonctions de conseiller général du canton et, plus tard, celles de maire de Liancourt, dans l'unique but d'être plus utile au pays de son adoption.

Qui de nous, Messieurs, n'aimera à évoquer comme une douce légende le souvenir de ce noble vieillard, à la physionomie bienveillante et ouverte, se promenant sans faste au milieu de nos rues, semant les bienfaits sur son passage, prodiguant à tous ses encouragements, souriant comme un père à tous ceux qui l'abordaient et allant porter ses consolations et sa parole amie à toutes les familles que le malheur avait visitées.

Je ne vous ai pas encore parlé de ses convictions religieuses : elles étaient vives et sincères, et sa foi de chrétien, qu'il affirma dans un acte de suprême et dernière volonté, lui fit envisager, sans effroi, l'instant redoutable où il devait paraître devant Dieu.

Jamais spectacle ne fut plus touchant que celui dont j'ai eu la douleur et en même temps la consolation d'être témoin. Couché sur son lit de mort, mais fort contre la souffrance, M. le duc de La Rochefoucauld avait encore des paroles de bonté pour tous ceux qui l'environnaient.

Prêt à quitter la terre, il leur donnait un dernier témoignage de son affection et s'efforçait d'adoucir les déchirements d'une séparation qui allait bientôt s'accomplir. Les yeux déjà voilés par les ombres de la mort, il me fit signe de sa main défaillante, me saisit les miennes qu'il pressa sur son cœur, et, de sa voix presque éteinte : « Oh ! dites bien aux habitants de Liancourt combien je les aimais, combien je désirais faire plus encore pour eux ; j'espère que mes enfants habiteront et aimeront mon cher Liancourt ; je désire y reposer après ma mort, pour ne pas être séparé de ceux au milieu desquels il m'était si doux de vivre. »

La mort de M. le duc de La Rochefoucauld est assurément, Messieurs, un deuil public ; pourtant une chose nous console, c'est la certitude de retrouver dans ses enfants les héritiers de sa bienfaisance, de son amour pour notre cité ; ils sauront accomplir le dernier vœu d'un père bien-aimé, et, fidèles à la tradition de leurs aïeux, ils resteront chez nous le symbole vivant des vertus de leur race ; nous en avons pour gage cette tombe entr'ouverte et cette dépouille mortelle dont le dépôt sacré nous est confié.

SOCIÉTÉ PHILANTHROPIQU

Fondée en 1780

RECONNUE D'UTILITÉ PUBLIQUE LE 27 SEPTEMBRE 1839

DISCOURS DE M. LEGENTIL

Vice-Président

PRONONCÉ A L'ASSEMBLÉE GÉNÉRALE DU 12 MARS 1875

MESSIEURS,

Quand le Comité d'Administration de la SOCIÉTÉ PHILAN-THROPIQUE convie à cette modeste solennité les Membres de la Société et ses lauréats, elle se réjouit avec eux du bien qu'il nous a été donné de faire. Aujourd'hui, c'est à partager notre deuil que nous vous convions. Ce fauteuil vide vous dit assez la cause de nos regrets. Notre cher et vénéré Président n'est plus et, en présence de la grandeur de cette perte, il semble que je n'aurais qu'à me taire. Cependant, Messieurs, je crois que nous honorerons mieux sa mémoire en vous entretenant avec notre exactitude habituelle des œuvres dans lesquelles il nous avait si longtemps guidés. Son esprit, j'ose le dire, plane sur cette réunion; il nous invite à con-server les saines traditions qu'il avait si soigneusement maintenues, et surtout cette persévérance dans la recherche et la pratique du bien qui distingue les œuvres vraiment bonnes et fortes, qui a soutenu la SOCIÉTÉ PHILANTHRO-PIQUE dans son existence presque séculaire, et la soutient encore au milieu de tant de ruines.

Je ne voudrais pas prononcer ici un éloge; mon insuffi-sance, plus encore que les bornes nécessaires de cette séance, me l'interdiraient. Et cependant, je ne puis résister au besoin de mon cœur qui m'oblige à vous parler encore de notre regretté Président. Comment ne rien dire des nobles qualités dont nous avons été les témoins, de ce sens droit, de cette autorité paternelle, de cette fermeté douce, et surtout de cette bonté constante que nous avons tous éprouvée? J'ajouterai que, parmi les traditions de la Société auxquelles je viens de faire allusion, un hommage public rendu à la mémoire de nos confrères et de nos bienfaiteurs est une des plus constantes. J'ai donc le droit de compter sur votre indulgence.

François XVIe du nom, Duc de La Rochefoucauld, ou, pour parler plus exactement, François-Marie-Auguste-Armand-Emilien, duc de La Rochefoucauld, duc de Liancourt, duc de La Roche-Guyon, prince de Marsillac, duc d'Anville, naquit à La Haye, en 1794, dans l'exil auquel avait dû se condamner une famille que son antique illustration et son renom de vertu et de bienfaisance auraient désignée pour l'échafaud. Il atteignait à peine l'âge d'homme quand l'empire s'écroula. Il se préparait alors à entrer à l'Ecole polytechnique. Sa place semblait naturellement marquée dans les rangs de l'armée. D'abord officier aux dragons du roi, puis lieutenant aux hussards de la garde, il fut ensuite choisi par M. le Dauphin comme un de ses aides de camp et fit en cette qualité la campagne d'Espagne. A la suite d'une mission périlleuse et importante, qu'il remplit avec le plus grand honneur, il reçut la croix de Saint-Louis. Il devint également officier de la Légion d'honneur.

La Révolution de 1830 arrêta la carrière militaire de M. le duc de La Rochefoucauld. Nous serions tenté de dire qu'il y gagna, car il eut toute liberté pour entrer dans la carrière charitable qu'il a parcourue d'une manière si noble et si fructueuse. Elle lui était d'ailleurs indiquée par les honorables souvenirs qu'il trouvait dans sa famille, non moins que par le penchant de son cœur. On le vit, à Paris, prendre part aux travaux du Conseil général des hospices dont il fut le vice-président. Les hôpitaux de Beaujon et de la Salpêtrière ont particulièrement conservé la mémoire de sa sollicitude dévouée. A La Roche-Guyon, un hospice fut fondé par ses soins et doté, non-seulement avec la libéralité d'un homme riche et généreux, mais avec les délicatesses de charité d'une âme pieuse. A Liancourt, où son nom était déjà connu et béni, d'innombrables bienfaits ont signalé son séjour. La voix publique les proclame et, le jour de ses funérailles, le deuil général a parlé plus éloquemment que ne le feraient nos éloges.

Je ne puis pas tout citer, Messieurs, je dirai seulement que M. le duc de La Rochefoucauld, entré dans notre Comité d'Administration en 1843, devint notre Vice-Président la même année, et enfin, fut élu Président de la Société à l'Assemblée générale de 1849, à la suite de la mort de M. Molinier de Montplanqua.

Nous l'avons vu, depuis ce temps, diriger nos délibérations avec une assiduité exemplaire, avec une bonté et une patience qui ne dégénéraient pas en faiblesse, et en même temps avec un ordre et une sûreté de jugement bien propres à assurer la régularité et l'utilité de nos travaux. Nous n'avons pas oublié notamment la part active prise par lui à la réorganisation du service de nos dispensaires. Certes, nous étions honorés de l'avoir pour Président; j'ose dire qu'il ne s'honorait pas moins en suivant avec cette patiente attention les détails de nos œuvres, car il n'y a rien de petit dans l'exercice de la charité.

Un des plus nobles génies de l'antiquité l'a dit : « Il n'y a que les grandes âmes qui sachent combien il y a de gloire à être bon. » Cet esprit de bonté et de dévouement avait fait accepter à M. le duc de La Rochefoucauld les modestes fonctions de maire de Liancourt. Elles devaient être l'occasion de cruelles épreuves pour sa vieillesse. La guerre éclata avec son lugubre cortége de calamités et d'horreurs, encore augmentées par cette cruauté froide et savante dont nous avons eu le spectacle. Notre vénérable Président avait soixante-quinze ans; il pouvait chercher une sécurité à laquelle il avait bien droit. Il lui suffisait, pour cela, d'habiter celle de ses propriétés qui était la plus éloignée de Paris. Il choisit la plus rapprochée et se fixa à Liancourt pour y attendre l'ennemi, faire le plus de bien et empêcher le plus de mal possible. C'est alors qu'on le vit, grâce à sa fermeté et à l'autorité de son caractère, épargner à la ville de Liancourt et à ses environs les humiliations de l'occupation, les charges de réquisitions écrasantes et aller à Compiègne se constituer prisonnier aux mains de l'ennemi pour assurer la sécurité de ses concitoyens. En même temps, il nourrissait cette nombreuse population d'ouvriers, ruinée, obérée et privée de travail par la guerre.

Après la conclusion de la paix, M. le duc de La Rochefoucauld rentra à Paris et prit de nouveau part à nos travaux. Il avait conservé tant d'activité, de présence d'esprit, d'apparence de force et de santé, que nous ne pouvions pas croire sa fin si prochaine. Nous avons malheureusement lieu de croire qu'elle a été avancée par le dévouement de notre vénéré Président pour ses fonctions. Un refroidissement qui semblait peu grave dégénéra en pneumonie et, après une semaine de souffrances, M. le duc de La Rochefoucauld rendit son âme à Dieu.

Il vit venir la mort avec la résignation d'un chrétien. En pleine connaissance, il demanda et reçut les sacrements, mettant ordre aux affaires du ciel ainsi qu'aux affaires de la terre avec le calme courage qui avait caractérisé sa vie et nous laissant, au milieu de nos profonds et amers regrets, un précieux souvenir et un noble exemple, grandement utile dans les temps de défaillances et de découragement que nous traversons. M. le duc de La Rochefoucauld, encore jeune, vit disparaître un régime qui avait toutes ses sympathies. Plus tard, il fut le témoin attristé de nouvelles révolutions, de nouveaux dangers et de nouveaux malheurs. Tout récemment, il vit de près, nous savons avec quel courage et au prix de quelles douleurs, nos catastrophes et nos hontes. Il n'a jamais désespéré de son temps ni de son pays ; il n'a jamais cessé de vouloir et de faire le bien. Il ne s'est pas renfermé dans un isolement chagrin. Les blessures faites à ses affections ne l'ont pas découragé ; la prolongation des efforts ne l'a pas lassé ; l'âge ne l'a pas refroidi ; quand il nous a été enlevé presque octogénaire, il remplissait encore ses fonctions avec la même exactitude. Conservons précieusement un tel exemple, Messieurs, et, au milieu des motifs d'alarmes, de découragement et d'angoisses qui nous assaillent de toutes parts, ayons pour maxime ces paroles dictées par l'Esprit Saint : « *Dum tempus habemus, operemur bonum.* » Tant que nous avons le temps, faisons le bien.

PARIS. — IMP. A. WITTERSHEIM ET Cᵉ, QUAI VOLTAIRE, 31.

PARIS. — IMPRIMERIE DU *JOURNAL OFFICIEL*

A. WITTERSHEIM ET Cⁱᵉ, 31, QUAI VOLTAIRE